Regeln aus der deutschen Grammatik

Heinz Griesbach

VERLAG FÜR DEUTSCH

ISBN 3 – 88532 – 602 – 7

© 1981   VERLAG FÜR DEUTSCH
      Schillerstraße 5, D-8000 München 2

| 5. 4. 3. 2. Druck | Letzte Zahlen |
| 1988 87 86 85 84 | gelten |

Layout: Verlagsbüro Walter Lachenmann, Buchendorf
Satz: Wolfgang Hartmann, Stockdorf
Druck: Manz AG, Dillingen
Printed in the Federal Republic of Germany

Vorwort

Das vorliegende Buch **Regeln aus der deutschen Grammatik** gibt einen knappen Überblick über den Formenbestand des Deutschen und über die Grundregeln des deutschen Satzbaus. Es enthält alle Sprachregeln, die im Anfänger- und Fortgeschrittenenunterricht vermittelt werden müssen, und ist als lehrwerkunabhängiges Begleitmaterial zum Deutschunterricht für Ausländer konzipiert.

Regeln aus der deutschen Grammatik dient einerseits dem Lehrer als didaktische Hilfe, andererseits dem Lernenden als Nachschlagewerk und Arbeitshilfe bei seiner selbständigen Anwendung der deutschen Sprache und beim Entschlüsseln von Texten. Die aufgeführten Sprachregeln sind daher durchnumeriert. So kann sich der Lernende die entsprechende Regelziffer in sein Lehrbuch oder in den Text, an dem er gerade arbeitet, als Schlüsselzahl übertragen.

Dieses Regelbuch will und soll keine der bekannten Grammatiken ersetzen, die notwendigerweise eine möglichst große Vollständigkeit bei der Sprachbeschreibung anstreben müssen. Das Beschreibungssystem in diesem Regelbuch entspricht dem der gängigen Grammatiken. Es stützt sich dabei auf die traditionelle und international bekannte Grammatikterminologie, insbesondere bei der Beschreibung der morphologischen und syntaktischen Erscheinungsformen des Deutschen, wobei eine genaue Abgrenzung für die Bezeichnung der Wortklassen, der Flexionsformen, der syntaktischen Funktionen und deren Inhalte beachtet worden ist.

Zusammen mit dem **Test- und Übungsbuch** (Nr. 601) bietet das Regelbuch ein gründliches Wiederholungs- und Weiterbildungsprogramm für Deutschkurse und zum Selbstunterricht.

Autor und Verlag hoffen, mit diesem Regelbuch Lehrern und Lernenden ein nützliches Hilfsmittel an die Hand zu geben.

H. G.

Inhalt

Die Zahlen verweisen auf die Regel-Nummer.

Das Verb

1 **Verben** bezeichnen Handlungen *(arbeiten, sprechen)*, Vorgänge *(wachsen, fallen)* und Sein *(ruhen, sitzen)*.
Nach ihrer Formenbildung unterscheidet man: 1. schwache Verben, 2. starke Verben, 3. gemischte Verben, 4. unregelmäßige Verben.

2 **1. Schwache Verben** bilden ihre Formen wie folgt:
Präsens: Verbstamm + Personalendung
            du lern-st, du arbeit-est
Präteritum: Verbstamm + *-te-/-ete-* + Personalendung
            du lern-te-st, du arbeit-ete-st
Partizip II: *ge-* + Verbstamm + *-t/-et*
            ge-lern-t, ge-arbeit-et

2. Starke Verben bilden drei Stammformen mit unterschiedlichen Stammvokalen und oft auch mit unterschiedlichen Stammkonsonanten.

Präsensstamm:	ich **spring**-e	ich **geh**-e
Präteritumstamm:	ich **sprang**	ich **ging**
Partizip II-Stamm:	ge-**sprung**-en	ge-**gang**-en

3 Mit dem **Präsensstamm** bildet man das Präsens (→ 8), den Konjunktiv I (→ 13), den Imperativ (→ 16) und den Infinitiv (→ 7). Mit dem Präteritumstamm bildet man das Präteritum (→ 9) und leitet daraus auch den Konjunktiv II (→ 14) ab.
Mit dem Partizip II-Stamm wird das Partizip II (→ 7) gebildet.

4 Nach dem Wechsel der Stammvokale (Ablautreihe) unterscheidet man **drei Gruppen von starken Verben:**
1. Gruppe: alle Stammvokale sind verschieden, z.B.:

Präsensstamm	Präteritumstamm	Partizip II-Stamm
häng-	hing-	ge-hang-en
helf-/hilf-*	half	ge-holf-en
geh-	ging	ge-gang-en
trink-	trank	ge-trunk-en
lieg-	lag	ge-leg-en

8

2. Gruppe: die Stammvokale des Präsensstammes und des Partizip II-Stammes sind gleich, z.B.:

Präsensstamm	Präteritumstamm	Partizip II-Stamm
halt-/hält-*	hielt	ge-halt-en
schaff-	schuf	ge-schaff-en
lauf-/läuf-*	lief	ge-lauf-en
geb-/gib-*	gab	ge-geb-en
komm-	kam	ge-komm-en

3. Gruppe: die Stammvokale des Präteritumstammes und des Partizip II-Stammes sind gleich, z.B.:

Präsensstamm	Präteritumstamm	Partizip II-Stamm
steh-	stand	ge-stand-en
heb-	hob	ge-hob-en
bleib-	blieb	ge-blieb-en
schwör-	schwor	ge-schwor-en
lüg-	log	ge-log-en

* Einige starke Verben verändern auch in der 2. und 3. Person Singular Präsens ihren Stammvokal: ich fah-re, du fähr-st, er fähr-t; ich helf-e, du hilf-st, er hilf-t

5 3. **Gemischte Verben** werden wie schwache Verben behandelt, ändern aber ihren Stammvokal und manchmal auch ihre Stammsilbe, z.B.:

Präsensstamm	Präteritumstamm	Partizip II-Stamm
kenn-	kann-te	ge-kann-t
bring-	brach-te	ge-brach-t

6 4. **Unregelmäßige Verben**, z.B.:

sein: ich **bin**, du **bist**, er **ist**; wir **sind**, ihr **seid**, sie **sind**
ich **war**; ge-**wes**-en
wissen: ich **weiß**, du **weiß**-t, er **weiß**; wir **wiss**-en, ihr **wiß**-t, sie **wiss**-en; ich **wuß**-te; ge-**wuß**-t

Verbformen

7 Infinitformen

Infinitiv: Präsensstamm + -en/-n
lern-**en**, find-**en**, sammel-**n**

Partizip I: Präsensstamm + -end/-nd
komm-**end**, sammel-**nd**

Partizip II: *ge-** + Partizip II-Stamm + -t/-et/-en

schwache Verben:	**ge**-lern-**t**
schwache Verben auf -d/-t:	**ge**-bad-**et**, **ge**-arbeit-**et**
starke Verben:	**ge**-fund-**en**

* Verben mit Präfix erhalten kein *ge-*, z.B.: verkauf-**t**
ebenso die Verben auf -ieren, z.B.: telefonier-**t**

Zeitformen und Personalformen

8 Präsens: Präsensstamm + Personalendung

				starke Verben mit Vokalwechsel (→ 4)	
ich	lern-e	arbeit-e	find-e	helf-e	fahr-e
du	lern-st	arbeit-est	find-est	hilf-st	fähr-st
er	lern-t	arbeit-et	find-et	hilf-t	fähr-t
wir	lern-en	arbeit-en	find-en	helf-en	fahr-en
ihr	lern-t	arbeit-et	find-et	helf-t	fahr-t
sie	lern-en	arbeit-en	find-en	helf-en	fahr-en

Verben auf -*d* oder -*t* schieben vor den Endungen -*st* und -*t* ein -*e* ein: du badest, er findet, ihr arbeitet

Verben auf -*mmel*- werfen in der 1. Person Singular Präsens das -*e*- der Stammsilbe vor -*l*- ab: sammeln — ich sammle

Verben auf -*ern* können das -*e*- ebenfalls abwerfen: ändern — ich ändere, ich ändre

9 Präteritum: Präteritumstamm + Personalendung

schwache Verben			starke Verben	
ich	lernte	arbeitete	half	fand
du	lernte-st	arbeitete-st	half-st	fand-est
er	lernte	arbeitete	half	fand

schwache Verben			starke Verben	
wir	lernte-**n**	arbeitete-**n**	half-**en**	fand-**en**
ihr	lernte-**t**	arbeitete-**t**	half-**t**	fand-**et**
sie	lernte-**n**	arbeitete-**n**	half-**en**	fand-**en**

Verben auf -*d* oder -*t* schieben vor -*te, -st* ein -*e*- ein: du arbeitetest, du fandest

10 Zusammengesetzte Formen

Perfekt: Präsens von *haben** / *sein** + Partizip II

    ich habe . . . gelernt   ich bin . . . gegangen

Plusquamperfekt: Präteritum von *haben** / *sein** + Partizip II

    ich hatte . . . gelernt   ich war . . . gegangen

Futur: Präsens von *werden* (→ 18) + Infinitiv

    ich werde . . . lernen   ich werde . . . gehen

* Die meisten Verben bilden das Perfekt und das Plusquamperfekt mit *haben* (→ 18). Verben, die eine Ortsveränderung *(fahren)* oder eine Zustandsänderung *(wachsen, werden)* bezeichnen, sowie die Verben *sein* und *bleiben* bilden diese Zeitformen mit *sein* (→ 18).

Passiv

11 Infinitformen

Infinitiv: Partizip II + Infinitiv von *werden* (→ 17)

    gefragt werden

Partizip I: Partizip II + Partizip I von *werden*

    gefragt werdend

Partizip II: Partizip II + Partizip II von *werden*

    gefragt worden

Beim Passiv wird das Partizip II von *werden* (→ 17) ohne *ge*- gebildet *(worden* statt *geworden)*

12 Die Zeitformen beim Passiv

Präsens: Präsens von *werden* + Partizip II

    ich werde . . . gefragt

Präteritum: Präteritum von *werden* + Partizip II

    ich wurde . . . gefragt

Perfekt: Perfekt von *werden* + Partizip II

    ich bin . . . gefragt worden

Futur: Futur von *werden* + Partizip II

    ich werde . . . gefragt werden

Konjunktivformen

13 **Konjunktiv I:** Präsensstamm (→ 2) + Personalendungen für den Konjunktiv

ich	lern-e*	fahr-e*	geb-e*
du	lern-est	fahr-est	geb-est
er	lern-e	fahr-e	geb-e
wir	lern-en*	fahr-en*	geb-en*
ihr	lern-et	fahr-et	geb-et
sie	lern-en*	fahr-en*	geb-en*

* formengleich mit dem Präsens; Ersatzform: Konjunktiv II

14 **Konjunktiv II:** Präteritumstamm + Personalendungen für den Konjunktiv; starke Verben ändern den Stammvokal zum Umlaut *(a → ä, au → äu, o → ö, u → ü)*

ich	lernte*	ging-e	käm-e
du	lernte-st*	ging-est	käm-est
er	lernte*	ging-e	käm-e
wir	lernte-n*	ging-en*	käm-en
ihr	lernte-t*	ging-et	käm-et
sie	lernte-n*	ging-en*	käm-en

* formengleich mit dem Präteritum; Ersatzform: Konjunktiv II von *werden* (→ 19) + Infinitiv (ich würde . . . lernen)

15 **Vergangenheitsform des Konjunktiv**

Konjunktiv I: Konjunktiv I von *haben / sein* (→ 19) + Partizip II
    er habe . . . gelernt   er sei . . . gekommen
Konjunktiv II: Konjunktiv II von *haben / sein* (→ 19) + Partizip II
    er hätte . . . gelernt   er wäre . . . gekommen

Imperativ

16 Der Imperativ ist die Aufforderungsform des Verbs.

Du-Form
Singular:	lern(e)!	arbeite!	hilf!
Plural:	lernt!	arbeitet!	helft!

Sie-Form
| Singular/Plural: | lernen Sie! | arbeiten Sie! | helfen Sie! |

Die Du-Form entspricht dem Präsensstamm (→ 2), oft durch -e er-

weitert: lerne! – Bei den Verben auf *-d, -t* oder *-ig* und anderen wird die Du-Form immer durch ein *-e* erweitert: arbeite! bade! entschuldige!
Verben auf *-mmel-* oder *-nder-* verlieren das *-e-* der Stammsilbe: sammle! ändre! (→ 8)
Starke Verben mit Vokalwechsel *e* zu *i* im Präsens Singular (→ 4) bilden die Imperativform aus der 2. Person Singular Präsens ohne die Personalendung *-st:* hilf! (du hilfst).
Die Ihr-Form entspricht der Präsensform ohne das Personalpronomen: lernt! helft!
Die Sie-Form entspricht dem Präsens, aber mit nachgestelltem Personalpronomen: lernen Sie! helfen Sie!

Die Hilfsverben

17 Als Hilfsverben dienen *haben, sein* und *werden* zur Bildung des Perfekts (→ 10) und des Plusquamperfekts (→ 10), zur Bildung des Futurs (→ 10) und des Passivs (→ 11), sowie zur Bildung der Vergangenheitsformen des Konjunktivs (→ 15).

Infinitiv:	hab-en	sei-n	werd-en
Partizip II:	ge-hab-t	ge-wes-en	ge-word-en

18

	Präsens			Präteritum		
ich	hab-e	bin	werd-e	hat-te	war	wurd-e
du	hast	bist	wirst	hat-test	war-st	wurd-est
er	hat	ist	wird	hat-te	war	wurd-e
wir	hab-en	sind	werd-en	hat-ten	war-en	wurd-en
ihr	hab-t	seid	werd-et	hat-tet	war-t	wurd-et
sie	hab-en	sind	werd-en	hat-ten	war-en	wurd-en

19

	Konjunktiv I			Konjunktiv II		
ich	hab-e*	sei	werd-e*	hät-te	wär-e	würd-e
du	hab-est	seiest	werd-est	hät-test	wär-est	würd-est
er	hab-e	sei	werd-e	hät-te	wär-e	würd-e
wir	hab-en*	sei-en	werd-en*	hät-ten	wär-en	würd-en
ihr	hab-et	sei-et	werd-et*	hät-tet	wär-et	würd-et
sie	hab-en*	sei-en	werd-en*	hät-ten	wär-en	würd-en

* formengleich mit dem Präsens; Ersatzform: Konjunktiv II

Zusammengesetzte Zeitformen

20

Perfekt:	er hat . . . gehabt	er ist . . . gewesen
		er ist . . . geworden*
Plusquamperfekt:	er hatte . . . gehabt	er war . . . gewesen
		er war . . . geworden*
Futur:	er wird . . . haben	er wird . . . sein
		er wird . . . werden
Konjunktiv I:	er habe . . . gehabt	er sei . . . gewesen
		er sei . . . geworden*
Konjunktiv II:	er hätte . . . gehabt	er wäre . . . gewesen
		er wäre . . . geworden*

* Im Passiv lautet das Partizip II *worden* (→ 11)

21 Die Modalverben

Infinitiv: können, wollen, müssen, sollen, dürfen, mögen
Partizip II: gekonnt, gewollt, gemußt, gesollt, gedurft, gemocht

22 Präsens

ich	kann	will	muß	soll	darf	mag
du	kannst	willst	mußt	sollst	darfst	magst
er	kann	will	muß	soll	darf	mag
wir	können	wollen	müssen	sollen	dürfen	mögen
ihr	könnt	wollt	müßt	sollt	dürft	mögt
sie	können	wollen	müssen	sollen	dürfen	mögen

23 Präteritum

ich	konnte	wollte	mußte	sollte	durfte	mochte
du	konntest	wolltest	mußtest	solltest	durftest	mochtest
er	konnte	wollte	mußte	sollte	durfte	mochte
wir	konnten	wollten	mußten	sollten	durften	mochten
ihr	konntet	wolltet	mußtet	solltet	durftet	mochtet
sie	konnten	wollten	mußten	sollten	durften	mochten

24 Perfekt: er hat es gewollt − er hat schlafen wollen*
Plusquamperfekt: er hatte es gewollt − er hatte schlafen wollen*
* Mit dem Infinitiv anderer Verben steht hier statt des Partizip II der Infinitiv (Ersatzinfinitiv).
Futur: er wird arbeiten wollen

14

25 Konjunktiv I

ich	könne	wolle	müsse	solle	dürfe	möge
du	könnest	wollest	müssest	sollest	dürfest	mögest
	usw.	usw.	usw.	usw.	usw.	usw.

26 Konjunktiv II

ich	könnte	wollte*	müßte	sollte*	dürfte	möchte
du	könntest	wolltest*	müßtest	solltest*	dürftest	möchtest
	usw.	usw.	usw.	usw.	usw.	usw.

* formengleich mit dem Präteritum (→ 23)

27 Vergangenheitsformen des Konjunktiv I und des Konjunktiv II

er habe / hätte das gewollt   er habe / hätte arbeiten wollen*

* Mit dem Infinitiv anderer Verben steht hier statt des Partizip II der Infinitiv (Ersatzinfinitiv).

Anmerkung: Über den Ausdruck der Zeit und die subjektive Bedeutung der Modalverben siehe auch (→ 132).

28 Gebrauch der Zeitformen

Präsens zum Ausdruck der Gegenwart und der Zukunft, oft mit einem Temporaladverb, und zum Ausdruck der Allgemeingültigkeit:

Ich lese jetzt.

Morgen fahre ich fort.

Ich wohne in Bonn.

Präteritum zum Ausdruck der Vergangenheit, hauptsächlich in Erzählungen, Berichten usw. (Erzählzeit):

Ich arbeitete damals in Hamburg.

Perfekt zum Ausdruck der Vergangenheit in Gesprächen (Gesprächszeit) oder in Feststellungen:

Ich habe gerade einen Brief geschrieben.

Der Zug ist gerade angekommen.

Futur zum Ausdruck der Absicht, der Vermutung, der Möglichkeit usw. (→ 132):

Wir werden heute zu Hause bleiben.

Morgen wird es regnen.

Anmerkung: Über den Gebrauch der Zeitformen siehe auch das Kapitel Der Ausdruck der Zeit (→ 127f.).

29 Rektion der Verben

Verben fungieren im Satzgefüge hauptsächlich als Prädikat (→ 84) und wirken mit dem Subjekt (→ 92) und den Objekten (→ 96) zusammen. Die Bedeutung eines Verbs ist aus dem Zusammenwirken mit dem Subjekt und den Objekten zu erschließen (vgl. Grundstrukturen → 107), die bestimmte Deklinationsformen als Objektsignal annehmen.

Die meisten Verben verlangen Objekte mit dem Akkusativ (Oa):

Ich schreibe einen Brief.

Verben mit einem Objekt im Genitiv (Og):

Wir gedenken seiner.

Verben mit einem Objekt im Dativ (Od):

Wir helfen dir.

Verben mit einem Objekt mit Präposition (Op):

Wir sorgen für dich.

30 Reflexive Verben

Einige Verben funktionieren im Satz nur, wenn sie das Reflexivpronomen *sich* oder die dem Subjekt entsprechenden Personalpronomen als Strukturobjekt (→ 98) annehmen:

Hans hat sich verspätet. / Ich habe mich erkältet.

Andere Verben nehmen zum Ausdruck abweichender Bedeutungen ebenso das Reflexivpronomen oder die dem Subjekt entsprechenden Personalpronomen als Strukturobjekt an: Hans ärgert sich über diesen Brief. (Vgl. *Hans* ärgert *ihn*, z.B. seinen Freund.)

Wir freuen uns auf die Ferien. (Vgl. *Ihr Besuch* freut *mich*.)

Viele Verben können aber auch das Reflexivpronomen *sich* oder die entsprechenden Personalpronomen als Objekte annehmen, wenn die im Subjekt genannte Person/Sache mit der im Objekt genannten identisch ist: Helga wäscht sich. (Vgl. *Helga* wäscht *ihn*, z.B. ihren kleinen Bruder.) Ich kaufe mir ein Buch. (Vgl. *Ich* kaufe *dir* ein Buch.)

16

Das Nomen (Substantiv)

31 **Nomen** bezeichnen Lebewesen (Mensch, Tier), Dinge (Haus, Berg) und Begriffe (Liebe, Hoffnung).

32 **Nomenklassen**

Man unterscheidet im Singular drei Nomenklassen, die durch die voraufgehenden Funktionszeichen (z.B. beim Artikel → 36) gekennzeichnet werden:

maskulin: **der** Mann, **der** Stuhl, **der** Sport
neutral: **das** Kind, **das** Haus, **das** Gefühl
feminin: **die** Frau, **die** Lampe, **die** Liebe

33 **Deklinationsformen der Nomen**

	Singular maskulin und neutral	feminin	Plural
Nominativ	–	–	–
Akkusativ	–	–	–
Dativ	–	–	-n**
Genitiv	-(e)s*	–	–

*   Einsilbige Nomen und Nomen auf -*s*, -*sch*, -*z*, -*d* oder -*t* erhalten die Endung -*es*: des Mannes, des Kindes

** Nomen mit der Pluralendung -*(e)n* erhalten kein weiteres -*n*: bei den Frauen, mit den Gabeln

Nomen mit der Pluralendung -*s* erhalten keine weitere Endung: in den Parks, mit den Autos

	Singular maskuliner Nomen mit der Endung -*(en)n* im Plural
Nominativ	–
Akkusativ	-en
Dativ	-en
Genitiv	-en

Maskuline Nomen mit der Pluralendung -*(e)n* erhalten außer im Nominativ Singular immer die Endung -*(e)n*: für den Jungen, mit dem Studenten, die Geburt eines Menschen

Unregelmäßigkeiten: Die Nomen *der Buchstabe, der Friede, der Funke, der Gedanke, der Glaube, der Name, der Wille* nehmen im Genitiv Singular zusätzlich ein *-s* an: des Gedankens usw.

Beachten Sie auch: das Herz, dem Herz(en), des Herzens

Abweichend von obiger Regel verhalten sich Nomen lateinischen Ursprungs auf *-or, -um, -eum, -ium* und die Nomen *der Muskel, der Nerv, der Schmerz, der See, der Staat, der Typ, der Vetter, der Zins,* z.B.: Nominativ *der Doktor*, Akkusativ *den Doktor*, Dativ *dem Doktor*, Genitiv *des Doktors*

34 Pluralformen der Nomen

1. keine besondere Pluralform:
   der Lehrer — die Lehrer, das Zimmer — die Zimmer
2. Umlaut beim Stammvokal:
   der Vater — die Väter, die Tochter — die Töchter
3. Pluralendung *-e*:
   der Tag — die Tage, das Heft — die Hefte
4. Pluralendung *-e* + Umlaut:
   der Sohn — die Söhne, die Stadt — die Städte
5. Pluralendung *-(e)n*:
   die Schule — die Schulen, die Frau — die Frauen
   oder *-nen*:
   die Köchin — die Köchinnen
6. Pluralendung *-er*:
   das Kind — die Kinder, der Schi — die Schier
7. Pluralendung *-er* + Umlaut:
   der Mann — die Männer, das Volk — die Völker
8. Pluralendung *-s*:
   (bei einigen Fremdwörtern und Abkürzungen)
   der Park — die Parks, das Cafe — die Cafes, der VW — die VWs

18

Die Artikel

35 **Die Artikel** haben die Aufgabe, anstelle der Nomen die Funktionszeichen (→ 66) zu übernehmen. Sie sind Signale für die Funktion des folgenden Nomens. Artikel sind normalerweise unbetont. Sie schließen sich im Redefluß eng an das folgende Nomen oder sein Attribut an (→ 136).

36 **Der bestimmte Artikel**, ursprünglich Demonstrativpronomen (→ 43), identifiziert: Wer ist **der** Herr?

| | Singular | | | Plural |
	maskulin	neutral	feminin	
Nominativ	der Mann	das Kind	die Frau	die Leute
Akkusativ	den Mann	das Kind	die Frau	die Leute
Dativ	dem Mann	dem Kind	der Frau	den Leuten
Genitiv	des Mannes	des Kindes	der Frau	der Leute

37 **Der unbestimmte Artikel**, ursprünglich Zahladjektiv (→ 56), klassifiziert:

Das ist **ein** Kanarienvogel. / Hier sitzt **eine** Fliege.

| | Singular | | |
	maskulin	neutral	feminin
Nominativ	ein* Mann	ein* Kind	eine Frau
Akkusativ	einen Mann	ein* Kind	eine Frau
Dativ	einem Mann	einem Kind	einer Frau
Genitiv	eines Mannes	eines Kindes	einer Frau

Für den Plural gibt es keinen unbestimmten Artikel: das sind Schulkinder. (vgl. Das ist *ein* Schulkind.)

* *ein* nimmt Nominativ maskulin/neutral Singular und im Akkusativ neutral Singular kein Funktionszeichen an (→ 68).

Die Pronomen

38 **Pronomen** sind Wörter, die sich auf Personen, Sachen oder Begriffe beziehen, die im Kontext bereits genannt wurden. Sie werden im Satz pronominal, also anstelle eines Nomens verwendet. Einige werden auch attributiv gebraucht (→ 43, 49, 50).

39 **Personalpronomen** bezeichnen den Sprecher (1. Person), den Angesprochenen (2. Person) oder Personen, Sachen oder Begriffe, über die gesprochen wird (3. Person). Die Personalpronomen der 3. Person stimmen im Genus und Numerus (grammatisches Geschlecht und Zahl) mit den Nomen überein, auf die sie sich beziehen.

	1. Person	2. Person*	3. Person mask.	neutr.	femn.
Singular					
Nominativ	ich	du	er	es	sie
Akkusativ	mich	dich	ihn	es	sie
Dativ	mir	dir	ihm	ihm	ihr
Genitiv**	(meiner)	(deiner)	(seiner)	(seiner)	(ihrer)
Plural					
Nominativ	wir	ihr	sie		
Akkusativ	uns	euch	sie		
Dativ	uns	euch	ihnen		
Genitiv**	(unser)	(euer)	(ihrer)		

* Die formelle Anredeform *Sie* entspricht formal der 3. Person Plural.

** Vgl. (→ 74)

Anmerkung: In präpositionalen Verbindungen wird statt der Personalpronomen das Pronominaladverb *da* + Präpositionen gebraucht, wenn es sich um einen Sachbezug und nicht um einen Personenbezug handelt, z.B.:

Sind Sie mit der Ware zufrieden? – Ja, ich bin **damit** zufrieden. (→ 65)

40 Fragepronomen wer?, was?

	Personen	Sachen/Begriffe	
Nominativ	wer?	was?	Wer/Was ist das?
Akkusativ	wen?	was?	Wen/Was siehst du?
Dativ	wem?	–	Wem gehört das Buch?
Genitiv	wessen?	–	Wessen Buch ist das?

41 Mit **welch-** + Funktionszeichen (→ 66) fragt man nach bestimmten Personen oder Sachen innerhalb einer Anzahl von Personen oder Sachen:

Welcher Wagen gehört Ihnen? – Der schwarze.
Welcher Ober hat Sie bedient? – Der kleine dicke.

42 Mit **was für ein** + Funktionszeichen (→ 66) fragt man nach der Klassifizierung oder Charakterisierung von Personen oder Sachen:

Was für ein Mensch war er? – Ein sehr schwieriger.
Was für eine Kamera haben Sie? – Eine ganz einfache.

43 **Demonstrativpronomen** weisen auf eine bestimmte Person oder Sache hin. Die Demonstrativpronomen *der, das, die* sind mit den Artikeln (→ 36) identisch, werden aber betont. Der Genitiv hat allerdings die erweiterten Formen *dessen* und *deren*: Er hat **dessen** Schwester geheiratet. / Ich glaube, das ist **deren** Auto.
Die Demonstrativpronomen *dies-* und *jen-* erhalten die Funktionszeichen (→ 66): Kennst du **diesen** Mann?
Als selbständiges Satzglied wird *dies* oft auch ohne Funktionszeichen gebraucht oder durch *das* ersetzt: Ist **dies** dein Mantel? – Ist **das** dein Mantel?

44 **Relativpronomen** beziehen den folgenden Attributsatz (Relativsatz) auf das Nomen, dem sie folgen.
Die Relativpronomen *der, das, die* nehmen wie die Artikel die Funktionszeichen (→ 66) an. Im Genitiv haben sie die erweiterten Formen *dessen* und *deren* (vgl. Demonstrativpronomen → 43) und im Dativ Plural haben sie die erweiterte Form *denen* (vgl. Personalpronomen *ihnen* → 39). Relativpronomen stimmen im Genus (grammatisches Geschlecht) und Numerus (Zahl) mit dem Nomen überein, auf das sie sich beziehen. Das Funktionszeichen, das sie annehmen, wird von der Funktion bestimmt, die sie im Relativsatz haben: Ist das der Mann, **dem** du geholfen hast?

Das Relativpronomen *welch-* + Funktionszeichen (→ 66) wird häufig gebraucht, um eine Anhäufung ähnlicher Pronomen zu vermeiden: Ist das die, **welche** wir letzte Woche getroffen haben? statt: Ist das die, **die** wir letzte Woche getroffen haben?

45 **wer** oder **was** werden **als Relativpronomen** gebraucht, wenn sich ein Relativsatz im Vorfeld (→ 109f.) auf keine bestimmte, vorher genannte Person oder Sache bezieht. (Vgl. Fragepronomen → 40): **Wer** in Not ist, dem muß geholfen werden. / **Was** nicht ist, kann noch werden.

46 **was** bezieht auch den Relativsatz auf ein neutrales Adjektiv, das Satzglied ist: Das war **das** Beste, **was** du tun konntest.
   — oder auf den Inhalt eines vorangegangenen Satzes: Du bist gestern sehr spät nach Hause gekommen, **was** mir gar nicht gefallen hat.

47 Das Adverb **wo** leitet als Relativadverb Sätze mit lokalem Bezug ein: Das ist die Schule, **wo** ich Deutsch gelernt habe.

48 **wo(r)** + Präposition bezieht den Relativsatz auf ein neutrales Pronomen oder auf den Inhalt des vorangegangenen Satzes (vgl. → 46): Ist das alles, **wofür** du dich interessierst? Peter hat sein Abitur bestanden, **worüber** seine Eltern sehr froh sind.

49 **Possessivpronomen** werden als Attribute und als Satzglieder verwendet. Sie nehmen als Satzglieder alle Funktionszeichen an; als Attribute erhalten sie die gleichen Funktionszeichen wie der unbestimmte Artikel (→ 37). Ist das dein Wagen? — Ja, das ist mein**er**.

	1. Person	2. Person	3. Person mask.	neutr.	femn.
Singular	mein	dein	sein	sein	ihr
Plural	unser*	euer*	ihr		

* Wenn das Pronomen ein Funktionszeichen annimmt, verliert *euer* den letzten Vokal (für euren Vater); das gilt gelegentlich auch für *unser* (für **unseren** Vater — für **unsren** Vater).

50 **Weitere Pronomen** sind *jed-, manch-, solch-*. Sie nehmen die Funktionszeichen (→ 66) an; ebenso *all-, einig-, einzeln-, etlich-, mehrer-, sämtlich-:* jed**en** Tag, manch**er** Mann, all**e** Leute, in einig**en** Tagen

Die Pronomen *ein-, kein-* nehmen die Funktionszeichen (→ 66) an: Ich brauche einen Schraubenzieher. − Hier liegt ein**er**. (Ich habe kein**en**.)

etwas, nichts bleibt immer ohne Endung: für etwas, mit nichts

Das Pronomen *man* wird nur im Nominativ gebraucht: Hier darf man nicht parken.

jedermann erhält nur im Genitiv ein -*s*, sonst bleibt es unverändert: Das ist nicht jedermanns Sache.

jemand und *niemand* nehmen die Funktionszeichen an (→ 66); im Akkusativ und im Dativ können sie aber auch entfallen.: Er spricht mit niemand(**em**).

viel-, wenig- können die Funktionszeichen (→ 66) annehmen: Das ist die Meinung viel**er**. Vor Nomen im Singular bleiben sie endungslos: mit viel Milch

Reflexivpronomen (→ 30): für sich, an sich.

Das Adjektiv

51 **Adjektive** bezeichnen Eigenschaften *(freundlich, ernst)*, Qualität *(gut, schön)* und Quantität *(zwei, hundert)*.

52 **Als Attribute** vor Nomen erhalten sie die Attributzeichen oder die Funktionszeichen (→ 66): der fleißige Schüler, die braven Kinder; ein fleißiger Schüler, kalter Wind, mit frischem Mut.
Ebenso als Attribute nach unbestimmten Pronomen (→ 67): mit jemand Bekanntem

53 Wenn Adjektive **pronominal** gebraucht werden, also für Personen, Sachen oder Begriffe stehen, behalten sie ihre Endungen wie als Attribute (→ 66) und werden mit großem Anfangsbuchstaben geschrieben: ein Kranker, die Kranken, alles Gute
Ausnahme: alles andere

54 **Adjektive als Attribute zu anderen Adjektiven** bleiben ohne Endung: ein bunt kariertes Kleid (vgl. ein schönes blaues Kleid)

55 Einige **Farbadjektive** z.B. *lila, rosa,* bleiben auch als Attribute vor Nomen endungslos: ein rosa Kleid

56 **Zahladjektive** bleiben als Attribute ohne Endung, außer *ein(s)*, das wie der unbestimmte Artikel (→ 37) behandelt wird, und *zwei* und *drei,* die die Genitivendung annehmen: drei Söhne, die Mutter dreier Söhne

57 **Komparation der Adjektive**
Zum Ausdruck von Vergleichen bilden Adjektive Komparativ- und Superlativformen.

58 **Der Komparativ** wird mit der Endung *-er* gebildet: schöner
Einige Adjektive werfen dabei das letzte *-e-* ab: teuer — teurer, dunkel — dunkler

59 **Der Superlativ** wird mit *-st* oder nach *d, t, s, z, sch* mit *-est* gebildet: schönst, raschest
Die meisten einsilbigen Adjektive verändern ihren Stammvokal zum Umlaut: kurz — kürzer — kürzest, hart — härter — härtest

60 **Unregelmäßige Komparationsformen** haben:
gut – besser – best, groß – größer – größt, hoch – höher – höchst,
nah – näher – nächst, viel – mehr – meist

61 **Komparative und Superlative als Attribut** erhalten Attributzeichen
und Funktionszeichen (→ 66): mein älterer Bruder, mit bestem Erfolg, das höchste Haus
Ausnahmen sind *mehr, weniger:* mehr Geld, weniger Bücher
Nach dem Komparativ steht die Konjunktion *als*: Du bist größer **als**
ich.

62 Wenn **der Superlativ nicht Attribut** ist, geht ihm *am* voraus und er
erhält die Endung *-en*: am schnellsten, am besten

Das Adverb

63 **Adverbien** bezeichnen Orts- und Zeitbezüge, nennen den Grad, die Intensität, oder signalisieren die subjektive Stellung des Sprechers oder Schreibers zum Inhalt seiner Äußerung. Sie bleiben immer unverändert. Man unterscheidet

Lokaladverbien: *hier, dort, dorthin, vorn* u.a.

Temporaladverbien: *jetzt, damals, lange, oft* u.a.

Modaladverbien: *teilweise, völlig, zusammen, sehr, besonders, leider, gern, hoffentlich, kaum* u.a.

Kausaladverbien: *deshalb, also, demnach, folglich, sonst* u.a.

Komparation der Adverbien gern, oft: gern — lieber — am liebsten, oft — öfter — am häufigsten

64 **Frageadverbien:** *wo?, wohin?* (lokal), *wann?* (temporal), *wie?* (modal) u.a.

65 **Die Pronominaladverbien da-** und **wo-** (+ Präposition)

In präpositionalen Ausdrücken gebraucht man das Adverb *da* anstelle von Personalpronomen (→ 39), wenn es sich auf Sachen oder Begriffe bezieht:

Sind Sie *mit* Ihrem Auto zufrieden? — Ja, ich bin **damit** sehr zufrieden.

Womit sind Sie nicht zufrieden? (Vgl. Sind Sie *mit* Ihrem neuen Mitarbeiter zufrieden? — Ja, ich bin **mit ihm** sehr zufrieden. — **Mit wem** sind Sie zufrieden?)

Wenn Präpositionen mit einem Vokal anlauten, z.B. *an, auf, über, unter* usw., werden sie mit dem Pronominaladverb durch *-r-* verbunden: daran (woran?), darüber (worüber?)

Relativadverb: *wo* → 47, 48

Funktionszeichen und Attributzeichen

66			Funktionszeichen	Attributzeichen
Singular				
mask.	Nom.		-er*	⎫
neutr.	Nom./Akk.		-as/-es*	⎬ -e
femn.	Nom./Akk.		-ie/-e	⎭
mask.	Akk.		-en	⎫
mask./neutr.	Dat.		-em	⎪
femn.	Dat./Gen.		-er	⎬ -en
mask./neutr.	Gen.		-es	⎭
Plural				
	Nom./Akk.		-e	⎫
	Dat.		-en	⎬ -en
	Gen.		-er	⎭

* *ein, kein* und die Possessivpronomen erhalten vor Nomen keine Endung, dafür nimmt das Attribut das Funktionszeichen an: ein Wagen — ein klein**er** Wagen, mein Haus — mein neu**es** Haus

67 **Das Verteilungsprinzip der Funktionszeichen und der Attributzeichen**

1. Wenn dem Attribut ein Funktionszeichen vorausgeht, erhält es im Nominativ Singular das Attributzeichen -*e*: d*er*/dies*er*/welch*er* alt**e** Mann, d*as*/dies*es*/welch*es* alt**e** Haus
Das gilt auch für den Akkusativ neutr. und femn. Singular.

2. Nach allen anderen Funktionszeichen erhält das Attribut das Attributzeichen -*en*: mit d*em* klein**en** Wagen, *im* alt**en** Haus

3. Wenn dem Attribut **kein** Funktionszeichen vorausgeht, erhält es ein Funktionszeichen (→ 66, Anmerkung): in gut**em** Zustand, mit jemand Bekannt**em**, (vgl. mit jemand*em* Bekannt*en*)

68   Die Träger der **Funktionszeichen** sind:

mask.	neutr.	femn. und Plural	
der	das	die	(→ 36, 43, 44)
dieser	dieses	diese	(→ 43)
jener	jenes	jene	(→ 43)
welcher	welches	welche	(→ 41)
jeder	jedes	jede	(→ 50)
solcher	solches	solche	(→ 50)
mancher	manches	manche	(→ 50)
ein*	ein**	eine	(→ 37)
kein*	kein**	keine	(→ 37)
mein*	mein**	meine	und alle übrigen Possessiv-pronomen (→ 49)

* **ein, kein und die Possessivpronomen** nehmen im Nominativ Singular vor maskulinen Nomen keine Funktionszeichen an. Das Funktionszeichen wird von einem folgenden Attribut (→ 67, 3.) übernommen: Das ist **ein** Hund. Das ist **ein** kleiner Hund. (vgl. Ich habe einen kleinen Hund.)

** *ein, kein* und die Possessivpronomen nehmen im Nominativ und Akkusativ Singular vor neutralen Nomen keine Funktionszeichen an. Das Funktionszeichen wird von einem folgenden Attribut (→ 67, 3) übernommen: Das ist **ein** Haus. Das ist **ein** kleines Haus. Ich habe **ein** kleines Haus.

69   Wenn *ein, kein* und die Possessivpronomen pronominal, also als selbständige Satzglieder gebraucht werden, erhalten sie immer ein Funktionszeichen: Da kommt einer. (Vgl. Da kommt *ein* Mann.) Hast du ein Fahrrad? – Ja, ich habe eins. Das dort ist meins.

Die Präpositionen

70 **Präpositionen** sind, ähnlich den Funktionszeichen, Kennzeichen, die Funktionen und auch Inhalte signalisieren. Sie verlangen bestimmte Deklinationsformen, die das von ihnen abhängige Nomen kennzeichnen.

71 **Präpositionen mit dem Akkusativ** sind *bis, durch, entlang*, für, gegen, ohne, um, wider*, z.B.: Wir fuhren durch **den** Wald /gegen **den** Baum / um **den** Marktplatz.
durch, für, um können vor neutralen Nomen die Akkusativendung -*s* an sich ziehen: Wir gehen ums Haus.
* nur nachgestellt mit dem Akkusativ: **den** Weg entlang (vgl. → 72)

72 **Präpositionen mit dem Dativ** sind *ab**, aus, außer, bei, entlang***, entgegen*, längs, gegenüber*, gemäß*, mit, nach*, samt, seit, von, zu* und andere: Er geht aus **dem** Haus.
* auch nachgestellt: dem Haus gegenüber, meiner Ansicht nach
** ab nächst**er** Woche — ab nächst**e** Woche (schwankender Gebrauch)
*** nur vorangestellt mit dem Dativ: entlang **der** Straße (vgl. → 71)
bei kann vor Nomen die Dativendung -*m* an sich ziehen: beim Essen
zu kann die Dativendungen -*m* und -*r* an sich ziehen: zum Hotel, zur Schule
von kann die Dativendung -*m* assimilieren: vom Dach

73 **Präpositionen mit dem Dativ oder Akkusativ** sind *an, auf, hinter, neben, in, über, unter, vor, zwischen*. Zum Ausdruck eines Zieles (lokal) verlangen sie den Akkusativ: Die Kinder gehen in **die** Schule. Sonst verlangen sie den Dativ: Die Kinder sind in **der** Schule. / Er kommt in einer Stunde zurück.
Alle diese Präpositionen, außer *neben, zwischen*, können vor neutralen Nomen die Akkusativendung an sich ziehen: Wir gehen ins Kino.
Die Präpositionen *hinter, über, vor* können vor maskulinen und neutralen Nomen die Dativendung an sich ziehen: überm Dach
an, in können vor maskulinen und neutralen Nomen die Dativendung assimilieren: am Mittwoch, im Sommer

74 **Präpositionen mit dem Genitiv** sind *anstatt, außerhalb, infolge, innerhalb, statt, trotz*, während*, wegen** und andere: während **des** Urlaubs

wegen kann auch nachgestellt werden: seiner Gesundheit wegen

Eine Besonderheit stellt die Bildung *meinetwegen, deinetwegen* usw. dar, (anstelle von: *wegen mir*).

* Bei diesen Präpositionen ist auch der Dativ möglich: trotz **dem** schlechten Wetter

Die Konjunktionen

75 **Konjunktionen** verbinden Wörter, Satzglieder, Sätze und Attribute.
Wörter: Hans **und** Grete, schön **und** gut
Satzglieder: Zuerst sind wir mit dem Bus **und** dann mit dem Schiff gefahren.
Sätze: Peter arbeitet im Büro, **und** seine Frau führt den Haushalt.
Attribute: Er ist ein bekannter **und** erfolgreicher Schauspieler.

76 **Die Konjunktionen** *und, aber, allein, denn, oder* verbinden gleichgeordnete Sätze. Sie stehen außerhalb des Satzsystems (→ 108) der Einzelsätze, die sie verbinden. Sie rechnen also nicht zu den Satzgliedern (→ 83): Mein Vater und meine Mutter fahren in Urlaub, **aber** ich bleibe zu Hause. (1. Satz, *aber* 2. Satz)

77 Eine größere Anzahl von **Konjunktionen** besetzen vorzugsweise **das Vorfeld** (→ 109), wie z.B. *allerdings, also, außerdem, bloß*: Ich komme mit euch. **Allerdings** muß ich etwas früher gehen.

78 **Doppelkonjunktionen** sind *bald − bald, je − desto / um so, entweder − oder, weder − noch:* **Je** mehr es im Mai regnet, **umso** besser wird die Ernte.

79 **Nebensatzkonjunktionen** leiten Nebensätze (Gliedsätze und Attributsätze) ein und sind gleichzeitig Verbindungsteil (→ 116).
Nebensatzkonjunktionen sind z.B. *daß, ob, bevor, als, indem, nachdem, obwohl, weil, wenn* u.a.: Wir müssen jetzt nach Hause, **weil** Mutter mit dem Essen wartet.

Der Satz und die Satzglieder

80 **Der Satz** ist die kleinste sprachliche Einheit, mit der man einen Sachverhalt beschreiben kann: Peter ist zufrieden. Er verdient gut. Sein Beruf macht ihm Spaß.

Den Zweck einer sprachlichen Äußerung unterscheidet man nach folgenden Grundtypen:

Mitteilung: Morgen fahre ich in Urlaub. In drei Wochen bin ich wieder zurück.

Frage
Entscheidungsfrage (Antwort: *ja/nein/doch*): Fahren Sie wieder nach Frankreich? – Haben Sie denn keinen Wagen?
Ergänzungsfrage: Am wievielten kommen Sie wieder zurück? – Wann können wir uns wiedersehen?

Aufforderung (Befehl, Bitte): Schreiben Sie mir bitte bald! – Ihr müßt jetzt ins Bett gehen, Kinder!

81 Nach der **Form der Sätze** unterscheidet man:

Mitteilungssätze (mit Vorfeld → 109): Gestern hat mich Peter besucht.

Fragesätze mit Entscheidungsfragen (ohne Vorfeld → 114): Geht ihr heute ins Kino? – Mögt ihr keinen Kuchen?

Imperativsätze: **Gib** mir bitte die Zeitung!

Nebensätze mit Verbindungsteil (→ 116): Weißt du, **daß** mich Hans gestern besucht hat? – Das ist Peter, **mit dem** ich gut befreundet bin.

Nebensätze (ohne Verbindungsteil): **Solltest** du morgen nicht kommen können, kannst du mich ja anrufen.

Infinitivsätze (mit Verbindungsteil → 116): Ich bin hier, **um** Deutsch **zu lernen.**

Infinitivsätze (ohne Verbindungsteil): Ich hoffe, dich bald **wiederzusehen.**

82 Nach der **Funktion der Sätze** unterscheidet man:

Gliedsätze (zum Satz erweiterte Satzglieder): Weißt du, **ob** wir morgen frei bekommen? / Ich freue mich darauf, dich bald wiederzusehen. / Wenn wir fleißig sind, werden wir auch Erfolg haben.

Attributsätze (zum Satz erweiterte Attribute): Ist das das Hotel, **in dem** ihr gewohnt habt?

83 **Die Satzglieder** sind die Bauteile eines Satzes. Man unterscheidet folgende Satzglieder: Prädikat oder Prädikat mit Prädikatsergänzung; Subjekt oder Subjekt und Objekt; Angaben

84 **Das Prädikat (P)** wird von den Verben gebildet und nennt ein Geschehen oder Sein.

Geschehen = {
  Handlung: Wir arbeiten. Peter liest.

  Vorgang: Ich friere. Das Wasser friert. Die Blumen verblühen.

Sein (Zustand)   Die Blumen blühen jetzt.

85 **Prädikatsergänzungen (E)** erweitern die Ausdrucksmöglichkeiten des Verbs im Prädikat. Sie modifizieren oder differenzieren die Beschreibung von Geschehen/Sein, verändern den Mitteilungsaspekt usw.

Der Lehrer **hat** uns **sehr schwierige Fragen gestellt.**
(statt: . . . hat uns gefragt)
Die Bäume **stehen in voller Blüte.**
(statt: . . . blühen)
Die Diebe **ergriffen** eiligst **die Flucht.**
(statt: . . . flohen)

Es gibt zwei Typen von Prädikatsergänzungen:

86 **1. Austauschbare Prädikatsergänzungen**
Ich wohne **hier / in Köln / in Untermiete.**
Wir gehen **nach Hause / ins Theater / dorthin.**
Der Brief kam **gestern / vor zwei Tagen / letzte Woche.**
Seine Kinder sind **nett / lebhaft / krank.**
Sein Vater ist **Lehrer / Arzt / Angestellter.**
Man kann die Inhalte von austauschbaren Prädikatsergänzungen erfragen, z.B.: Wo wohnen Sie? Wohin geht ihr? usw.

87 **2. Feste Prädikatsergänzungen**
Der Witzbold bringt uns immer **zum Lachen.**
Du hast **dein Wort** gebrochen.
Feste Prädikatsergänzungen kann man nicht erfragen und auch nicht pronominal wiedergeben. Man kann nur das Prädikat + die Prädikatsergänzung erfragen, z.B.: Was macht der Witzbold? / Was habe ich getan?

88 Arten der Prädikatsergänzungen

Nach dem Inhalt unterscheidet man folgende Prädikatsergänzungen:
Lokalergänzung (El): Ich wohne **in Hamburg.**
Temporalergänzung (Et): Der Unterricht dauert **45 Minuten.**
Modalergänzung (Em): Ich finde das Buch **interessant.**
Kausalergänzung (Ek): Das Feuer entstand **durch Unachtsamkeit.**

89 Nach der Kasusform unterscheidet man folgende Prädikatsergänzungen:

Prädikatsnominativ (En): Dieses Hochhaus ist **ein Hotel.**
Prädikatsakkusativ (Ea): Hans nennt dich **einen Dummkopf.**

90 Nach der Funktion innerhalb der Satzstruktur unterscheidet man folgende Prädikatsergänzungen:
Prädikatssubjekt (Es): Hier ist gestern **ein Unfall** passiert.
Prädikatsobjekt (Eo): Tust du mir **einen Gefallen?**

91 Subjekt und Objekte nennen die Personen, Sachen und Begriffe, die an dem im Prädikat und mit der Prädikatsergänzung genannten Geschehen oder Sein teilhaben.

92 Im **Subjekt** werden die Personen, Sachen oder Begriffe genannt, über die etwas mitgeteilt wird (Mitteilungsperspektive). Das Kennzeichen für das Subjekt ist der Nominativ. Die Personalform des Verbs im Prädikat stellt den Subjektbezug her.
Der Beamte geht zum Dienst.
Die Kinder gehen in die Schule.
Ich warte auf dich.
Ihr arbeitet hier.

93 Die **Mitteilungsperspektive,** mit der die Wahl des Subjekts und damit auch das Wortmaterial zum Ausdruck des Geschehens oder Seins bestimmt wird, ist maßgebend für die Satzstruktur (→ 108) und damit auch, ob im Prädikat ein Passiv (→ 11) verwendet werden muß oder nicht.
Ein fremder Junge hat meinen Hund **geschlagen.**
Mein Hund ist von einem fremden Jungen **geschlagen worden.**
Mein Hund hat von einem fremden Jungen **Schläge bekommen.**
Mein Hund hat einen Jungen **gebissen.**
Ein Junge ist von meinem Hund **gebissen worden.**

94 Einige Verben nehmen im Prädikat zum Ausdruck bestimmter Inhalte (Bedeutungen) das Pronomen *es* als Subjekt an. Das Pronomen *es* ist dann **Struktursubjekt (ss)**, weil es sich auf keinen bestimmten Inhalt bezieht und nur gebraucht wird, um die Subjektstelle zu besetzen.

> Wie geht es Ihnen? – Danke, es geht mir gut.
> Worum ging es bei diesem Gespräch?

Das gilt besonders bei allen Verben, die das Wettergeschehen bezeichnen:

> Gestern regnete es den ganzen Tag.

95 Ein Subjektsatz im Nachfeld (→ 115) wird durch das Personalpronomen *es* im Vorfeld (→ 109) oder an der Subjektstelle im Satzfeld (→ 116) angekündigt. Das Pronomen *es* ist in diesem Fall **Korrelat**.

> **Es** ist nicht wahr, **daß er ein Betrüger ist.**
> Trifft **es** wirklich zu, **daß ihr euer Haus verkaufen wollt?**

96 **Objekte** werden nach ihren Funktionszeichen unterschieden:

Akkusativobjekt (Oa): Kennst du **den Mann / die Frau / die Kinder?**
Ich lese **ein Buch / die Zeitung / einen Roman.**

Dativobjekt (Od): Hans hilft **seinem Vater / seiner Mutter / seinen Eltern.**

Genitivobjekt (Og): Er braucht sich **seines Zeugnisses** nicht zu schämen.

Präpositionalobjekt (Op): Ich ärgere mich **über diesen Mißerfolg.**
Habt ihr schon **mit der Arbeit** begonnen?

97 Wenn im Nachfeld (→ 115) ein **Objektsatz** steht, können das Pronomen *es* oder das Pronominaladverb *da* + Präposition (→ 65) die Objektstelle im Satzfeld (→ 116) besetzen. Beide signalisieren den folgenden Objektsatz und dienen damit als **Korrelat**.

> Ich habe **es** schon lange geahnt, **daß du mich betrügst.**
> Wir haben **darauf** gewartet, **daß er uns besucht.**

98 Einige Verben können nur mit einem Reflexivpronomen (→ 30) gebraucht werden (reflexive Verben). Das Reflexivpronomen nimmt als **Strukturobjekt (so)** die Objektstelle im Satz ein (→ 97):

> Peter hat **sich** letztes Wochenende erkältet.

99 Bei einer Reihe von Verben (z.B. *sehen, hören, lassen* u.a.) können die Objekte ein eigenes Prädikat, ein **Objektsprädikat** annehmen.

Ich höre **einen Wagen kommen.** (Ein Wagen kommt.)
Ich lasse **meinen Mantel** in der Garderobe **hängen.** (Mein Mantel hängt in der Garderobe.)
Ich habe **zwei Anzüge** im Schrank **hängen.** (Zwei Anzüge hängen im Schrank.)

100 **Angaben** sind Satzglieder, die nicht zu den Grundstrukturen der Sätze gehören (→ 107), die aber einen wichtigen Teil der Mitteilung darstellen können.

Man unterscheidet Umstandsangaben, Personenangaben und Modalglieder.

Umstandsangaben nennen Zeit, Ort, Art und Weise oder den Grund eines Geschehens oder Seins, das mit dem Satz beschrieben wird. Zu ihnen gehören:

Lokalangabe (Al): Ich habe Peter **in Köln** getroffen.
Temporalangabe (At): Wir wollen **heute** ins Kino gehen.
Modalangabe (Am): Der Wagen fuhr **mit hoher Geschwindigkeit** davon.
Kausalangabe (Ak): Das Geschäft ist **wegen Betriebsferien** geschlossen.

101 **Personenangaben** nennen die Person, der das Geschehen oder Sein nützt oder schadet.

Wer kann **mir** den Brief ins Deutsche übersetzen?
Soll ich **für dich** zur Post gehen?
Eine Frau öffnete **mir** die Tür.

102 **Modalglieder** signalisieren die subjektive Stellung des Sprechers oder Schreibers zum Inhalt seiner Äußerung.

Ich habe heute **leider** keine Zeit zum Spazierengehen.
Hoffentlich wirst du bald wieder gesund.

Das Attribut

103 **Attribute** sind Begleiter von Wörtern. Sie erklären die Inhalte dieser Wörter oder dienen zu deren Unterscheidung.

Erklärende Attribute sind meistens vorangestellt. Der Satzgliedton (→ 137) liegt auf dem Wort, das erklärt wird.

ein hohes **Haus**, am letzten **Sonntag**, der **Bahnhof**, ein **Buch**

Unterscheidende Attribute. Der Satzgliedton liegt auf dem Attribut.

ein **hohes** Haus (kein niedriges), am **letzten** Sonntag (nicht am kommenden), **der** Bahnhof (nicht der andere), **ein** Buch (nicht zwei oder mehrere)

104 **Die Stellung der Attribute** hängt von der Wortklasse ab, aus der das Attribut stammt, und wird auch von der Aufgabe bestimmt, die das Attribut erfüllen soll.

erklärende Attribute vorangestellt	unterscheidende Attribute nachgestellt
Peters Vater	der Vater **von Peter**
die **heutige** Zeitung	die Zeitung **von heute**
die **dänische** Grenze	die Grenze **von Dänemark**

105 **Die Formen der Attribute**

Man unterscheidet die Attribute nach der Wortklasse, nach der grammatischen Form und nach der Stellung.

	vorangestellt	nachgestellt
Verben als Partizipien	der **ankommende** Zug die **verletzte** Frau	
Verben als Infinitive		die Kunst **zu malen**
Nomen im Genitiv (Genitivattribut)	**Peters** Schwester	der Bau **einer Straße**
Nomen mit Präposition (Präpositionalattribut)		die Frau **von Hans** das Haus **am Bach**
Nomen mit Konjunktion (Konjunktionalattribut)		der Bauer **als Millionär** schnell **wie der Wind**

	vorangestellt	nachgestellt
Nomen im gleichen Kasus (Apposition)		Herr Schmidt, **der Chef unserer Firma**
Pronomen	**mein** Wagen, **jedes** Kind	
Pronomen mit Präposition (Präpositionalattribut)		ein Kollege **von mir**
Adjektiv (Zahladjektiv)	ein **schönes** Haus **zwei** Kinder **eisig** kalt **hoch** oben	nichts **Neues**, ihr **beide**
Adverb		der Berg **dort hinten**
Adverb mit Präposition (Präpositionalattribut)		die Jugend **von heute**
Attributsatz mit Konjunktion (Konjunktionalsatz)		die Hoffnung, **daß du uns bald besuchst**
Attributsatz mit Relativpronomen (Relativsatz)		das Haus, **in dem wir wohnen**
Attributsatz mit Infinitiv (Infinitivsatz)		die Hoffnung, **etwas zu gewinnen**

106 **Rangattribute** signalisieren die subjektive Stellung des Sprechers oder Schreibers zum Inhalt eines Satzglieds. Sie stehen vor oder hinter dem Satzglied. Das Satzglied mit Rangattribut erhält den Unterscheidungston (→ 142).

Nur der Váter kann uns noch helfen.
Gerade íhr müßtet das wissen.
Deine Mutter arbeitet schwer, dú **aber** sitzt den ganzen Tag hier herum.

Grundstrukturen deutscher Sätze

107 Deutsche Sätze haben folgende Grundstrukturen:
(**P** = Prädikat, **E** = Prädikatsergänzung, **S** = Subjekt, **Oa** = Akkusativobjekt, **Od** = Dativobjekt, **Og** = Genitivobjekt, **Op** = Präpositionalobjekt)

P	**Wird** heute **gearbeitet?**
P+S	Die Kinder **schlafen.**
P+S+Oa P+S+Od P+S+Og P+S+Op	Ich **verkaufe** meinen Wagen. **Hilfst** du mir? Wir **gedenken** unserer Verstorbenen. Ich **denke** an dich.
P+S+Oa+Oa P+S+Oa+Od P+S+Oa+Op P+S+Od+Op P+S+Op+Op	Er **lehrt** mich die deutsche Sprache. Ich **schenke** dir das Buch. Ich **erinnere** dich an dein Versprechen. Ich **danke** dir für deine Hilfe. Er **spricht** mit uns über seine Absichten.
P+E	**Ein Unglück ist passiert.**
P+E+S	Wir **fahren nach Köln.**
P+E+S+Oa P+E+S+Od P+E+S+Op P+E+S+Og	Er **brachte** uns **zum Lachen.** Der Hut **steht** Ihnen **gut.** Ich **nehme** auf Ihr letztes Schreiben **Bezug.** **Bist** du meiner **überdrüssig?**
P+E+S+Oa+Od P+E+S+Oa+Op P+E+S+Od+Op	Ich **mache** dir deine Faulheit **zum Vorwurf.** **Nimmst** du mich gegen Peter **in Schutz?** Sie **ist** dir an Intelligenz **überlegen.**

Anmerkung: Die Formeln für die Grundstrukturen sind unabhängig von der tatsächlichen Satzstellung (→ 108). Das Prädikat (**P**) steht jeweils am Anfang der Formel, weil es die Grundstruktur bestimmt.

Der deutsche Satzbau

Stellplätze auf dem Satzfeld

(A) (1)(2)(3)(4) (5) (6) (7)

	A	P¹/V	s	oa	od	S	A	Od	Oa
1.		Hat	man	→	dir	→	gestern	→	⇒
2.	Bestimmt	habt	ihr	→	→	→	die ganze Zeit	→	→
3.		Haben	→	→	→	die Kinder	die ganze Zeit	→	→
4.	Leider	hat	→	→	→	dein Freund	→	→	→
5.	Weißt du,	daß	→	→	→	der Mann	seit längerer Zeit	→	→
6.	Weißt du,	ob	→	→	→	Peter	gestern	meinem Bruder	⇒
7.		Bist	du	→	→	→	wegen des Wetters	→	→
8.		Kennen	Sie	→	→	→	hier	→	jemanden
9.	Sicher	hat	→	→	→	Peter	gestern	seiner Tante	⇒
10.	Sicher	hat	→	→	→	Peter	gestern	⇒	die Schoko◄
11.	Sicher	hat	er	sie	→	→	gestern	⇒	→
12.	Sicher	hat	er	→	ihr	→	zum Geburtstag	→	⇒
13.		Ob	→	→	mir	⇒	morgen	→	⇒
14.		Ob	→	es	mir	Peter	⇒	→	→
15.		Ob	→	→	→	⇒	morgen	⇒	⇒
16.		Ob	er	es	→	→	⇒	seinem Freund	→
17.		Ob	er	es	ihm	→	⇒	→	→
18.		Hat	→	Sie	→	mein Bruder	gestern	→	→
19.		Hast	du	dich	→	→	bei den Eltern	→	→

└stellungsfest┘ └ _ _ _ _ _ _ stellungsvariabel _ _ _ _ _ _ _ _ _ _ _

└ _ _ _ _ _ KONTAKTBEREICH _ _ _ _ _ _ _ _ _ _ _ _ _ _ _

└VORFELD┘   └ _ SATZFELD _ _ _ _ _ _ _

108 Vorfeld, Satzfeld und Nachfeld sind die drei Felder, in die sich die Satzglieder einordnen. Vorfeld und Nachfeld können jeweils nur ein Satzglied oder einen Gliedsatz aufnehmen. Die übrigen Satzglieder verteilen sich auf das Satzfeld.

X	X	Op/op/Og	E	P²/P	
→	die Geschichte	→	→	erzählt?	→
→	→	auf mich	→	gewartet.	→
→	→	auf die Eltern	→	gewartet?	→
→	nicht	→	Wort	gehalten.	→
→	→	des Diebstahls	˙verdächtig	ist?	→
→	das Geld	→	→	zurückgegeben hat?	→
→	→	→	zu Hause	geblieben?	→
→	→	→	→	→?	→
→	Schokolade	→	→	geschenkt.	→
→	seiner Tante	→	→	geschenkt.	→
→	seiner Tante	→	→	geschenkt.	→
→	Schokolade	→	→	geschenkt.	→
Peter	das Geld	→	→	zurückbringt?	→
→	morgen	→	→	zurückbringt?	→
seinem Freund	das Geld	→	→	zurückbringt?	→
→	gestern	→	→	zurückgebracht hat?	→
→	morgen	→	→	zurückbringen will?	→
→	→	um Geld	→	gebeten?	→
→	→	für das Geschenk	→	bedankt?	→

─offene Stellplätze─────────┘ └────stellungsfest──────┘

───────INFORMATIONSBEREICH──────────────┘

──────────────────────────────────────┘

NACHFELD

→ unbesetzter Stellplatz
⇒ verlassener Stellplatz

─ Satzton
= Unterscheidungston

Bitte beachten Sie die Satzschablone am Ende des Buches. Diese können Sie ausschneiden und damit jeden beliebigen Satz auf seine Satzglieder hin überprüfen.

41

Die Besetzung des Vorfelds, des Nachfelds und des Satzfelds

109 **1. Das Vorfeld**

Das Vorfeld wird bei Mitteilungssätzen (Aussagesätzen) (→ 80) durch dasjenige Satzglied besetzt, das den übergreifenden Mitteilungszusammenhang herstellt.

Das können sein:

Angaben

Temporalangaben: (Wo wart ihr gestern?) – **Gestern** waren wir im Theater.

Lokalangaben: (Wo habt ihr in Köln übernachtet?) – **In Köln** haben wir bei Bekannten übernachtet.

Modalangaben: **Plötzlich** ging in der ganzen Stadt das Licht aus.

Kausalangaben: **Wegen des schlechten Wetters** fiel die Vorstellung aus.

Personenangaben: **Für mich** hast du nie Zeit.

Modalglieder: **Leider** habe ich morgen keine Zeit.

Hoffentlich sehen wir uns bald wieder.

Gliedsätze: **Wenn Sie bar bezahlen,** können wir Ihnen 3 % Skonto geben.

Das Satzglied, das im Vorfeld steht, wird ins Satzfeld zurückgestellt, wenn ein anderer Mitteilungszusammenhang hergestellt werden muß oder wenn der Satz eine andere Form erhält (z.B. Entscheidungsfrage, Imperativsatz, Nebensatz → 114).

Beim schriftlichen Ausdruck wird das Satzsystem des Gliedsatzes durch Komma optisch vom übrigen Satzsystem abgetrennt. Im mündlichen Ausdruck folgt der Gliedsatz seinen eigenen Intonationsgesetzen (→ 137).

110 **Die Satzglieder** treten mit allen Attributen oder Attributsätzen (→ 105) ins Vorfeld:

Mein Bruder, den Sie neulich kennengelernt haben, hat jetzt die Leitung der Firma übernommen.

111 In bestimmten, weniger häufigen Fällen kann auch **der sinntragende Prädikatsteil** das Vorfeld besetzen:

Schwimmen kann ich nicht, aber segeln.

Gefallen bin ich nicht, nur gestolpert.

Wenn das Prädikat durch eine Prädikatsergänzung (→ 85f.) erweitert ist, besetzt diese zusammen mit dem Prädikat das Vorfeld:

In Gefahr bringen wollte er uns nicht, nur erschrecken.
Angst machen will er uns nicht.

12 Zwei durch *und* verbundene Sätze, die das gleiche Subjekt haben, können ein **gemeinsames Vorfeld** haben. Das Subjekt des folgenden Satzes wird dann nicht mehr wiederholt:

Neulich war ich im Theater und **habe** dort deine Eltern getroffen.

Wenn der mit *und* angeschlossene Satz (→ 108) ein eigenes Vorfeld hat, muß das Subjekt wiederholt werden:

Zuerst gingen wir etwas essen, und **dann brachten wir** Peter zum Bahnhof. (Vgl. *Zuerst gingen wir* etwas essen und *brachten dann* Peter zum Bahnhof.)

13 Manchmal wird das Vorfeld nicht durch ein Satzglied besetzt. Die dadurch entstehende vakante Stelle wird dann durch das Pronomen *es* (Füllwort) aufgefüllt:

Es sind letztes Jahr viele Besucher zur Buchmesse gekommen. (Vgl. *Letztes Jahr* sind viele Besucher zur Buchmesse gekommen.)

Bei Fragesätzen, die Ergänzungsfragen ausdrücken (→ 80), besetzen Fragewörter (= Fragepronomen, Frageadverbien) das Vorfeld:

Wer hat dich gestern abend angerufen?
Um wieviel Uhr war das?

14 Kein Vorfeld haben Fragesätze, die **Entscheidungsfragen** (→ 80) enthalten. Das sind Fragen, bei denen die Antwort *ja, nein* oder *doch* lauten kann:

Hast du meinen Brief inzwischen **bekommen**?
Gehst du nicht mit **ins Kino**?

Gliedsätze und Attributsätze, also Sätze, die meistens mit einem Verbindungsteil (V), – mit einer Konjunktion, einem Relativpronomen, usw. beginnen (→ 81, 82, 105):

Wenn du rechtzeitig **anrufst**, . . .
. . . , **weil** ich nicht genug Geld bei mir **hatte**.
(Ist das die Kamera), **die** du dir kürzlich **gekauft hast**?

Gliedsätze, die mit dem ersten Prädikatsteil (P^1) oder mit dem Prädikat (P) beginnen, z.B. Bedingungssätze ohne die Konjunktion *wenn*:

Sollte ich nicht rechtzeitig zu Hause **sein**, (rufe ich vorher an.)
Wäret ihr jetzt hier, (könntet ihr alles miterleben.)

115 2. Das Nachfeld

Jeder Satztyp kann, im Gegensatz zum Vorfeld, ein Nachfeld haben, das ein Satzglied oder einen Gliedsatz aufnimmt, in besonderen Fällen auch einen Attributsatz (→ 105).

Im Nachfeld kann stehen:

Gliedsatz:	Ich bin gekommen, **weil ich mit dir sprechen will.**
	. . . , **um mit dir zu sprechen.**
Vergleich:	In diesem Jahr sind die Preise stärker gestiegen **als im letzten Jahr.**
Berichtigung:	Ich bin nicht mit dem Wagen gefahren, **sondern mit dem Zug.**
Nachtrag:	Dieses Kleid können Sie vielseitig tragen, **zu Hause am Strand, zur Gartenparty.**

Attributsatz, der zum letzten Satzglied im Satzfeld gehört: Hast du den Mann erkannt, **der eben ins Haus gegangen ist?**

3. Das Satzfeld

116 Das Satzfeld verfügt über 12 Stellplätze, auf die sich alle übrigen Satzglieder verteilen (→ 83). Die vordere Begrenzung des Satzfeldes bildet das Prädikat, bzw. der erste Prädikatsteil (**P^1**)→ a), bei Nebensätzen der Verbindungsteil (**V**)→ b). Die hintere Begrenzung bildet der zweite Prädikatsteil (**P^2**)→ a), bei Nebensätzen das vollständige Prädikat (**P**)→ b). – Bei Infinitivsätzen ohne einleitende Präposition (*um, ohne* usw.) und bei Partizipialsätzen ist das Satzfeld vorne offen. → c), d)

a) Gestern **habe** ich dir ein Paket **geschickt.**
b) (Teile mir bitte mit), **ob** es bei dir gut **angekommen ist.**
c) (Wir hoffen), dich bald **wiederzusehen.**
d) (Die Leute sprangen), durch den lauten Knall zu Tode **erschrocken**, (von ihren Plätzen auf).

117 Das Satzfeld ist in einen **Kontaktbereich** und einen **Informationsbereich** aufgeteilt. Der Kontaktbereich nimmt alle Satzglieder auf, die sich auf Bekanntes oder bereits Erwähntes beziehen. Der Informationsbereich nimmt die Satzglieder auf, die das Neue der Information bringen. Das trifft besonders für die stellungsvariablen Satzglieder (→ 119) zu.

18 **Stellungsfeste Satzglieder**

Im Kontaktbereich sind Personalpronomen und das Pronomen *man* als Subjekt (s) sowie Personalpronomen und Reflexivpronomen als Objekte (oa, od) stellungsfest. Im Informationsbereich sind Präpositionalobjekte (**Op, op**) und Genitivobjekte (**Og**) sowie Prädikatsergänzungen (**E**) stellungsfest.

Peter hat **mir** gestern | sein neues Fahrrad gezeigt.
Hast **du es ihm** | zum Geburtstag geschenkt?
Sicher hat **er sich** | darüber gefreut.
Erinnern **Sie sich** noch | **des Vorfalls in der Bahnhofstraße**?
Leider muß **ich dir** | diese Unüberlegtheit **zum Vorwurf** machen.

19 **Stellungsvariable Satzglieder**

Subjekt (**S**) und Objekte (**Oa, Od**), außer den oben genannten (→ 118), sowie Angaben (**A**) sind stellungsvariabel, das heißt, sie können ihren Platz im Kontaktbereich verlassen und einen der freien Stellplätze im Informationsbereich besetzen, wenn sie einen höheren Informationswert erhalten sollen.
Das Satzglied, das in den Informationsbereich tritt, erhält gleichzeitig auch den Satzton (→ 138).

Vielleicht kommt der Chef morgen | **von seiner Reíse** zurück.
Vielleicht kommt morgen | **der Chéf** von seiner Reise zurück.
Hast du deiner Mutter | **Blúmen** mitgebracht?
Hast du die Blumen | **deiner Mútter** mitgebracht?
Kannst du mir morgen | **deine neuen Fótos** zeigen?
Kannst du mir deine neuen Fotos | **mórgen** zeigen?
Kannst du deine neuen Fotos | **meinem Brúder** zeigen?

20 Wenn sich **Subjekt (S)** und **Akkusativobjekt (Oa)** formal nicht unterscheiden, besetzt das Nomen die Subjektstelle hinter **P¹** oder **V** (→ 116).

Haben **die Schüler Sie** nicht gesehen?
(= Wurden Sie von den Schülern nicht gesehen?)

21 Wenn **mehrere Angaben (A)** im Satzfeld stehen, so ist die Reihenfolge: Temporalangabe (**At**), Kausalangabe (**Ak**), Modalangabe (**Am**), Lokalangabe (**Al**).

Der Zug ist **gestern wegen eines Maschinenschadens mit Verspätung von hier** abgefahren.

122   Die **Satznegation** *nicht* und die **Modalglieder** (*auch, schon, noch* u.a.) besetzen den letzten offenen Stellplatz im Informationsbereich.

Warum habt ihr | **nicht** auf uns gewartet?
Ich bin gestern | **auch nicht** zur Arbeit gegangen.

Wenn mehrere Modalglieder zusammentreffen, stehen sie in der Reihe: *auch nicht, auch schon, noch nicht, auch noch nicht* usw.

Die Stellung der Verbformen im Prädikat

123   **Zweiteiliges Prädikat:** die Personalformen des Verbs stehen im P^1 ; die übrigen Formen stehen in der Reihenfolge Partizip II − Infinitiv im P^2.

ohne Verbzusatz	mit Verbzusatz
er **kommt** . . .	er **kommt** . . . **an**
er **wird** . . . kommen	er **wird** . . . ankommen
er **ist** . . . gekommen	er **ist** . . . angekommen
er **wird** . . . kommen müssen	er **wird** . . . ankommen müssen
er **muß** . . . gekommen sein	er **muß** . . . angekommen sein

124   In **Nebensätzen** beschließt das vollständige Prädikat (**P**) das Satzfeld (→ 116). Die Verbgruppe steht in der Reihenfolge Partizip II − Infinitiv − Personalform.

ohne Verbzusatz	mit Verbzusatz
ob er . . . **kommt**	ob er . . . **ankommt**
ob er . . . gekommen **ist**	ob er . . . angekommen **ist**
ob er . . . kommen **wird**	ob er . . . ankommen **wird**
ob er . . . gekommen sein **kann**	ob er . . . angekommen sein **kann**

125   **Die Personalform** steht vor der Verbgruppe, wenn diese **zwei Infinitive** enthält (z.B. beim Futur, beim Perfekt und Plusquamperfekt der Modalverben und bei den Vergangenheitsformen des Konjunktivs).

ohne Verbzusatz	mit Verbzusatz
ob er . . . **wird** kommen können	ob er . . . **wird** ankommen können
ob er . . . **hat** kommen können*	ob er . . . **hat** ankommen können*

* Ersatzinfinitiv (→ 27)

126 **In Nebensätzen** steht die **Personalform** vor den stellungsfesten Satzgliedern im Informationsbereich (→ 117), wenn die Verbgruppe zwei Infinitive enthält:

Präpositionalobjekt: Er sagte uns, daß wir nicht **hätten** auf ihn **warten sollen.**

Genitivobjekt: Er sagte, daß er dich nicht **habe** des Diebstahls **verdächtigen wollen.**

Prädikatsergänzung: Er meinte, daß er dich **hätte** zur Rede **stellen sollen.**

Der Ausdruck der Zeit

127 **Die Zeitlagen** (Gegenwart, Vergangenheit, Zukunft) der im Satz beschriebenen Sachverhalte Geschehen/Sein werden durch **die Zeitformen** der Verben (Präsens, Präteritum, Perfekt, Plusquamperfekt, Futur und durch die Temporalangaben (→ 133) ausgedrückt. Die Zeitlage der Äußerung (Berichtszeit) ist immer Gegenwart. Die Zeitformen Präsens und Perfekt, im subjektiven Gebrauch (→ 132) auch Futur, können jeweils mehrere Zeitlagen ausdrücken.

128 **Das Präsens** drückt ein Geschehen aus, das gegenwärtig, also zur Berichtszeit stattfindet. Dabei wird die Gleichzeitigkeit von Geschehen und Berichtszeit häufig durch eine Temporalangabe verdeutlicht.

Soeben bekommen wir eine wichtige Meldung.
Ich **lese gerade** Zeitung.

Häufig drückt das Präsens ein Geschehen aus, das in der Zukunft stattfindet. Auch hier wird der Aspekt des Zukünftigen meist durch eine Temporalangabe verdeutlicht.

Wir **fahren morgen** nach Köln.
Wir **bleiben** zwei Tage in Hamburg.
Die nächsten Wahlen **finden in zwei Jahren statt.**

Das Präsens kann zusammen mit einer Temporalangabe ausdrücken, daß ein Geschehen oder ein Zustand/Sein in der Vergangenheit begonnen hat und bis in die Gegenwart andauert.

Wir **wohnen** schon **seit zehn Jahren** hier.
Herr Müller **arbeitet seit 1976** in dieser Firma.
Diese Maschine **ist seit zwei Wochen** kaputt.

Mit dem Präsens wird eine zur Berichtszeit andauernde Gewohnheit, aber auch ein Geschehen oder ein Zustand/Sein ohne bestimmten Zeitbezug oder von dauernder Gültigkeit ausgedrückt.

Er **kommt jeden Tag** um fünf Uhr nach Hause.
Die Sonne **geht** im Osten auf.
Eisen **ist** ein Metall.

Das Präsens kann zusammen mit einer Temporalangabe auch ein Geschehen in der Vergangenheit ausdrücken. (Diese Möglichkeit wird häufig als Stilmittel zur Aktualisierung eines Geschehens oder zur Darstellung von geschichtlichen Ereignissen verwendet.)

Neulich treffe ich einen alten Kollegen und der **erzählt** mir, daß . . .

1789 **bricht** die Französische Revolution **aus.**

129 Das **Präteritum** drückt immer ein Geschehen oder ein Sein aus, das in der Vergangenheit abgeschlossen wurde.

Letzten Sommer **waren** wir in Italien.
Unser Zug **kam** pünktlich in Rom an.
Nach seiner Prüfung **ging** er ins Ausland.

In seltenen Ausnahmefällen wird das Präteritum auch auf die Zeitlage der Gegenwart angewendet.

Bitte, wie **war** Ihr Name?

In Sätzen, in denen *haben* oder *sein* mit einer Prädikatsergänzung verwendet werden, steht das Präteritum, auch wenn der übrige Kontext im Perfekt ist.

Wir sind erst spazierengegangen, dann **waren** wir im Kino.

130 Das **Perfekt** drückt ein Geschehen oder ein Sein in der Vergangenheit aus. In dieser Bedeutung ist es häufig mit dem Präteritum austauschbar.

In Köln **habe** ich einen alten Schulfreund **getroffen.**
Wir **sind** gestern **zurückgefahren.**

Mit dem Perfekt wird auch ein Geschehen oder ein Sein ausgedrückt, das in der Vergangenheit begonnen hat und bis in die Gegenwart andauert.

Ich **habe** meinen Geldbeutel **verloren.**
Meiers **haben** ein neues Auto **gekauft.**

In Zusammenhang mit einer Temporalangabe kann das Perfekt auch einen Sachverhalt ausdrücken, der in der Zukunft liegt.

Diese Arbeit **habe** ich **bis zum Wochenende erledigt.**
Bis morgen habe ich alles **vorbereitet.**

131 Durch **das Plusquamperfekt** wird immer ein Geschehen ausgedrückt, das in der Vergangenheit liegt und in der Vergangenheit abgeschlossen wurde.

Nachdem wir das Auto **gekauft hatten,** stellten wir fest, daß es kaputt war.

Das Plusquamperfekt wird hauptsächlich verwendet, um ein Geschehen darzustellen, das zeitlich vor einem anderen liegt, das sich ebenfalls in der Vergangenheit ereignet hat.

132 **Das Futur und die Modalverben zum Ausdruck der subjektiven Einstellung des Sprechers**

Das Futur signalisiert im Deutschen nicht so sehr die Zukunft als vielmehr die subjektive Einstellung des Sprechers zum Inhalt seiner Äußerung. So kann das Futur Absicht, Erwartung, Versprechen, Vermutung und anderes ausdrücken. Dabei können Modalglieder (*bestimmt, sicher, wahrscheinlich, wohl* und andere) die Einstellung des Sprechers noch deutlicher machen.

Absicht: Wir **werden** uns später (*sicher*) einmal ein Haus **kaufen**.

Erwartung: Ihr **werdet** uns (*bestimmt*) wieder einmal **besuchen**.

Versprechen: Du **wirst** dein Geld (*bestimmt*) **zurückbekommen**.

Vermutung: Paul **wird** morgen (*wahrscheinlich/wohl*) wieder von der Reise zurück **sein**.

Modalverben signalisieren im subjektiven Gebrauch im allgemeinen eine Vermutung, die der Sprecher aufgrund eigener Erfahrung (*können*) oder durch Rückschlüsse (*müssen*) hat. Sie signalisieren aber auch seinen Zweifel (*wollen*) oder drücken aus, daß der Sprecher nur die Information Dritter weitergibt (*sollen*).

Der Zug **kann** jetzt schon in Köln **sein**.
In Finnland **muß** es im Winter sehr kalt **sein**.
Hans **will** dich gestern im Theater **gesehen haben**.
Hier **soll** es im Sommer oft **regnen**.

Beim Futur und bei den Modalverben im subjektiven Gebrauch wird Gegenwart und Zukunft mit dem einfachen Infinitiv und die Vergangenheit mit dem Infinitiv Perfekt (= Infinitiv von *haben/sein* + Partizip II) ausgedrückt.

Die Personalformen von *werden* und der Modalverben stellen hierbei nur syntaktisch den Subjektbezug her, beziehen sich inhaltlich aber auf den Sprecher.

Der Unterschied zwischen dem subjektiven und dem objektiven Gebrauch der Modalverben wird formal nur bei den zusammengesetzten Vergangenheitsformen deutlich. Vergleichen Sie:

subjektiv (Vermutung): Hans **muß** gestern viel **gearbeitet haben**.
objektiv (Feststellung): Hans **hat** gestern viel **arbeiten müssen**.

	Das Geschehen/Sein ist gegenwärtig oder noch zu erwarten	Das Geschehen/Sein ist vergangen
Futur	Er **wird** jetzt im Büro **sein**. Er **wird** morgen wieder im Büro **sein**.	Er **wird** gestern im Büro **gewesen sein**.
Modalverben	Er **muß** sehr reich **sein**. Es **kann** am Nachmittag **regnen**. Das **dürfte** ziemlich schwierig **sein**. Er **soll** gerade in Paris **sein**.	Er **muß** sehr reich **gewesen sein**. Das **dürfte** ziemlich schwierig **gewesen sein**. Er **soll** vor kurzem in Paris **gewesen sein**.

133 Der Ausdruck der Zeit durch die Temporalangaben

genauer
Zeitpunkt:
am 11. Mai, **am** Mittwoch
um 8.30 Uhr
an Weihnachten, **zu** deiner Hochzeit
als wir in Rom ankamen . . .

ungefährer
Zeitpunkt:
um den 5. März **(herum)**, **um** 5 Uhr **(herum)**,
gegen 6 Uhr, **um** Ostern **(herum)**

begrenzter
Zeitraum:
den ganzen Tag **über**, **während** der letzten Woche,
über Nacht, die Nacht **über**, **übers** Wochenende,
während wir im Theater waren . . .
solange ich beim Einkaufen bin . . .

vor einem
Zeitpunkt:
vor Ladenschluß, **vor** Weihnachten
bis um 12 Uhr, **bis** Montag, **bis zum** 11. Mai
bis ich zurückkomme . . .

nach einem Zeitpunkt:	**nach** 9 Uhr, **nach** Pfingsten, **nach** meinem Urlaub, **in** vierzehn Tagen, **in** einem Monat, **ab** heute, **von** morgen **an**, **von** Montag **an**, **nachdem** ich aus dem Theater zurückgekehrt war ...
nach einem zurückliegenden Zeitpunkt:	**seit** einer Stunde, **seit** dem 1. August, **seit** Mittwoch, **seitdem** er aus dem Urlaub zurück ist ...
zwischen zwei Zeitpunkten:	**zwischen** 8 und 9 Uhr, **zwischen** Ostern und Pfingsten, **von** Montag **bis** Donnerstag
Zeitrhythmus:	**jeden** Montag, Tag **für** Tag, **alle** zwei Stunden, einen Tag **über** den anderen

Die Intonation

134 Sprache ist primär mündliche Äußerung, das bedeutet, sie ist wahrnehmbar durch Lautung, Artikulation und Intonation. Dies sind wichtige Informationssignale, die nur noch durch die Stellung der einzelnen Sinngruppen (Satzglieder) im Satz unterstützt werden, ebenso wie durch die verschiedenen Flexionsmerkmale. In der Schrift, wo Lautung, Artikulation und Intonation nicht ausgedrückt werden, werden sie ersetzt durch optische Signale, wie Großschreibung und Interpunktion.

    mündliche Äußerung: akustische Signale und Stellung der Sinngruppen

    schriftliche Äußerung: optische Signale und Stellung der Sinngruppen

135 **Die Satzintonation** richtet sich nach der Art der sprachlichen Äußerung: ansteigender Tonverlauf bis zum Intonationsgipfel, danach rasch abfallender Tonverlauf signalisiert:

Mitteilung: Morgen wollen wir nach **Köln** fahren.

Ergänzungsfrage: Wohin wollt ihr morgen **fahren**?

Aufforderung: Fahrt morgen doch mal nach **Köln**!

Ausruf: Was? Ihr fahrt morgen nach **Köln**!

Ansteigender Tonverlauf bis zum Intonationsgipfel und danach weitere Anhebung des Tons signalisiert:

Entscheidungsfrage: Fahrt ihr morgen nach **Köln**?

136 **Der Wortton** liegt auf einer bestimmten Silbe eines Wortes. Die Betonung der übrigen Silben ist dem Wortton untergeordnet: **ge**-hen, **le**-ben, **ab**-fah-ren, ver-**kau**-fen

Artikel, Präpositionen und Konjunktionen bilden mit dem Wort, bei dem sie stehen, eine Lautgruppe und ordnen sich dem Wortton unter: das-**Land**, der-**Sport**-ler, im-Ho-**tel**, auf-der-**Stra**-ße

Bei Wortkomposita ordnet sich der Wortton des Grundworts dem Wortton des Bestimmungsworts unter: die-Ver-**si**-che-rung, der Ver-**tre**-ter → der-Ver-**si**-che-rungs-ver-tre-ter

Personalpronomen schließen sich als Subjekt und Objekte der Personalform des Verbs im P^1 (→ 118) eng an, bilden mit ihr eine Lautgruppe und ordnen sich dem Wortton der Personalform unter: ich-**brin**-ge-ihn-dir (in flüssiger Rede: 'ch-**bring**-n-dir), ich **ha**-be-es-ihr ... ge-**bracht** (in flüssiger Rede: 'ch-**ha**-b's-ihr ... ge-**bracht**)

137 **Der Satzgliedton:** Wenn ein Satzglied (= Sinngruppe) aus mehreren Wörtern (Gliedkern und Attributen) besteht, erhält eines davon den Satzgliedton. Alle übrigen Wörter ordnen sich mit ihrem Wortton dem Satzgliedton unter. Bei einem erklärenden Attribut (→ 104) erhält der Gliedkern den Satzgliedton: (Hier wohnt) ein bekannter **Schau**spieler. / (Wir schreiben) Peters **Eltern.** Bei einem unterscheidenden Attribut (→ 104) erhält dieses den Satzgliedton: (Er ist) ein be**kann**ter Schauspieler. / (Heute besuchen mich) **Pe**ters Freunde. / (Das sind) die Freunde von **Pe**ter.

138 **Der Satzton:** Innerhalb eines Satzes erhält auf dem Satzfeld ein Satzglied den stärksten Ton, den Satzton.
Den Satzton erhält das letzte stellungsfeste Satzglied im Informationsbereich (→ 117): Er hat die Leute zum **Lachen** gebracht. / Wir hoffen auf seine **Ge**nesung.
oder das letzte stellungsvariable Satzglied (→ 119) im Informationsbereich: Ich habe meinem Freund einen **Brief** geschrieben. / Ich habe den Brief meinem **Freund** geschickt.
Wenn auf dem Satzfeld nur Personalpronomen, Reflexivpronomen, Pronominaladverbien als Satzglieder und Angaben (→ 100) stehen, geht der Satzton auf den zweiten Prädikatsteil (P^2) über: Gestern hat er mir davon be**rich**tet.
Bei einteiligem Prädikat erhält in diesem Fall die Personalform den Satzton: Gestern be**rich**tete er mir davon.

139 **Nebensätze** (Gliedsätze und Attributsätze) haben ihren eigenen **Satzton.** Wenn ein Gliedsatz im Vorfeld steht (→ 109), ordnet sich sein Satzton dem Satzton des übergeordneten Satzes unter: Wenn Sie **recht**zeitig kommen, können wir auch pünktlich **ab**fahren.

Steht ein Nebensatz im Nachfeld (→ 115), dominiert sein Satzton: Wir können pünktlich **ab**fahren, wenn sie **recht**zeitig kommen. / Hast du den **Mann** gesehen, der eben ins **Haus** gegangen ist?

140   Der **Reihenton** tritt auf, wenn zwei oder mehr funktionsgleiche Wörter in einer Wortreihe stehen. Hierbei erhält das letzte Wort den stärksten Ton, den Reihenton, während das Wort davor den schwächsten Ton in einer Reihe erhält: Vater, Mutter und **Tochter** (sitzen abends immer vor dem Fernseher.) / (Im Schaufenster liegen wunderschöne) blaue, gelbe und **rote** (Pullover.)

141   Der **Hinweiston** wird von Demonstrativpronomen und Demonstrativadverbien usw. angenommen, die auf einen im Nachfeld (→ 115) folgenden Gliedsatz oder Attributsatz hinweisen: Der Fernsehkrimi war **so** aufregend, daß wir abends nicht einschlafen konnten. / Nur **der** hat im Leben Erfolg, der tüchtig ist.

142   Der **Unterscheidungston** dient zur Hervorhebung und ist am deutlichsten wahrzunehmen, denn er überlagert den Satzton. Das Wort, das besonders hervorgehoben werden soll, erhält den Unterscheidungston: Es war **mein** Geld, das du weggenommen hast. / **Ich** habe das Geld nicht weggenommen. / Du **hast** ja gar kein Geld.

143   Der **Gefühlston** tritt in erregter, emotionaler Rede auf, besonders bei Ausrufen. Er überlagert den Satzton und den Unterscheidungston: Das war wirklich eine **Dumm**heit von dir! / Was ist das heute für ein **schöner** Tag!

Anhang

Formen der starken und unregelmäßigen Verben

Infinitiv / Präsens	Präteritum / Konjunktiv II*	Partizip II
befehlen / er befiehlt	er befahl / beföhle	befohlen
beginnen	er begann / begänne	begonnen
beißen	er biß / bisse	gebissen
biegen	er bog / böge	gebogen
binden	er band / bände	gebunden
bitten	er bat / bäte	gebeten
blasen / er bläst	er blies / bliese	geblasen
bleiben	er blieb / bliebe	geblieben
braten / er brät	er briet / briete	gebraten
brechen / er bricht	er brach / bräche	gebrochen
brennen	er brannte / brennte	gebrannt
bringen	er brachte / brächte	gebracht
denken	er dachte / dächte	gedacht
empfehlen / er empfiehlt	er empfahl / empfähle	empfohlen
essen / er ißt	er aß / äße	gegessen
fahren / er fährt	er fuhr / führe	gefahren
fallen / er fällt	er fiel / fiele	gefallen
fangen / er fängt	er fing / finge	gefangen
finden	er fand / fände	gefunden
fliegen	er flog / flöge	geflogen
fliehen	er floh / flöhe	geflohen
fließen	er floß / flösse	geflossen
frieren	er fror / fröre	gefroren
geben / er gibt	er gab / gäbe	gegeben
gehen	er ging / ginge	gegangen
gelingen	er gelang / gelänge	gelungen
gelten / er gilt	er galt / gölte	gegolten
geschehen / er geschieht	er geschah / geschähe	geschehen
gewinnen	er gewann / gewönne	gewonnen
gießen	er goß / gösse	gegossen
gleichen	er glich / gliche	geglichen
graben / er gräbt	er grub / grübe	gegraben
greifen	er griff / griffe	gegriffen
haben / er hat	er hatte / hätte	gehabt
halten / er hält	er hielt / hielte	gehalten
hängen	er hing / hinge	gehangen
	er hängte / hängte	gehängt
heben	er hob / höbe	gehoben
heißen	er hieß / hieße	geheißen
helfen / er hilft	er half / hülfe	geholfen

57

Infinitiv / Präsens	Präteritum / Konjunktiv II	Partizip II
kennen	er kannte / kennte	gekannt
klingen	er klang / klänge	geklungen
kommen	er kam / käme	gekommen
laden / er lädt	er lud / lüde	geladen
lassen / er läßt	er ließ / ließe	gelassen
laufen / er läuft	er lief / liefe	gelaufen
leiden	er litt / litte	gelitten
leihen	er lieh / liehe	geliehen
lesen / er liest	er las / läse	gelesen
liegen	er lag / läge	gelegen
lügen	er log / löge	gelogen
messen / er mißt	er maß / mäße	gemessen
mißlingen	er mißlang / mißlänge	mißlungen
nehmen / er nimmt	er nahm / nähme	genommen
nennen	er nannte / nennte	genannt
raten / er rät	er riet / riete	geraten
reißen	er riß / risse	gerissen
rennen	er rannte / rennte	gerannt
rufen	er rief / riefe	gerufen
saufen / er säuft	er soff / söffe	gesoffen
schaffen	er schuf / schüfe	geschaffen
	er schaffte / schaffte	geschafft
scheiden	er schied / schiede	geschieden
scheinen	er schien / schiene	geschienen
schieben	er schob / schöbe	geschoben
schießen	er schoß / schösse	geschossen
schlafen / er schläft	er schlief / schliefe	geschlafen
schlagen / er schlägt	er schlug / schlüge	geschlagen
schließen	er schloß / schlösse	geschlossen
schneiden	er schnitt / schnitte	geschnitten
schreiben	er schrieb / schriebe	geschrieben
schreien	er schrie / schriee	geschrie(e)n
schweigen	er schwieg / schwiege	geschwiegen
schwimmen	er schwamm / schwömme	geschwommen
sehen / er sieht	er sah / sähe	gesehen
sein / er ist	er war / wäre	gewesen
senden	er sandte / sendete	gesandt
	er sendete / sendete	gesendet
singen	er sang / sänge	gesungen
sinken	er sank / sänke	gesunken
sitzen	er saß / säße	gesessen
spreche / er spricht	er sprach / spräche	gesprochen
springen	er sprang / spränge	gesprungen
stehen	er stand / stünde	gestanden
stehlen / er stiehlt	er stahl / stähle	gestohlen
steigen	er stieg / stiege	gestiegen
sterben / er stirbt	er starb / stürbe	gestorben

Infinitiv / Präsens	Präteritum / Konjunktiv II	Partizip II
stinken	er stank / stänke	gestunken
stoßen / er stößt	er stieß / stieße	gestoßen
streiten	er stritt / stritte	gestritten
tragen / er trägt	er trug / trüge	getragen
treffen / er trifft	er traf / träfe	getroffen
treten / er tritt	er trat / träte	getreten
trinken	er trank / tränke	getrunken
tun	er tat / täte	getan
verderben / er verdirbt	er verdarb / verdürbe	verdorben
vergessen / er vergißt	er vergaß / vergäße	vergessen
verlieren	er verlor / verlöre	verloren
wachsen / er wächst	er wuchs / wüchse	gewachsen
waschen / er wäscht	er wusch / wüsche	gewaschen
weichen	er wich / wiche	gewichen
wenden	er wandte / wendete	gewandt
	er wendete / wendete	gewendet
werben / er wirbt	er warb / würbe	geworben
werfen / er wirft	er warf / würfe	geworfen
wissen / er weiß	er wußte / wüßte	gewußt
ziehen	er zog / zöge	gezogen
zwingen	er zwang / zwänge	gezwungen

* Fast alle Konjunktiv II-Formen, besonders aber die mit Umlaut, sind ungebräuchlich.

Systemübersicht

WORTKLASSEN

Verb	schwaches Verb starkes Verb	Hilfsverb Modalverb
Nomen	*Nomenklasse:*	maskulin ⎫ neutral ⎬Singular | Plural feminin ⎭
Artikel	bestimmter Artikel	unbestimmter Artikel
Pronomen	Personalpronomen Reflexivpronomen Possessivpronomen	Demonstrativpronomen Relativpronomen Fragepronomen unbestimmte Pronomen
Adjektiv		
Adverb	Temporaladverb Lokaladverb Modaladverb	Kausaladverb Frageadverb Pronominaladverb
Präposition	Akkusativpräposition Dativpräposition	Akkusativ/Dativpräp. Genitivpräposition
Konjunktion	nebenordnend	unterordnend

FLEXIONSFORMEN

Verb	*Personalform:*	Singular Plural	1. Person 2. Person 3. Person
	Zeitform:	Präsens Futur	Präteritum Perfekt Plusquamperf.
	Modalform:	Konjunktiv I Passiv	Konjunktiv II Imperativ
	Infinitform:	Infinitiv	Partizip Präsens Partizip Perfekt
Nomen Pronomen Artikel Adjektiv	*Kasusform:*	Singular Plural	Nominativ Akkusativ Dativ Genitiv
Adjektiv		Komparativ	Superlativ

FUNKTIONEN IM SATZ

P	Prädikat	P¹ 1. Prädikatsteil P² 2. Prädikatsteil
E	Ergänzung	Ergänzung des Prädikats (Prädikatsergänzg.)
S	Subjekt	s Personalpronomen als Subjekt
O	Objekt	o Personalpronomen oder Reflexiv-pronomen als Objekt
		Oa oder oa Objekt im Akkusativ
		Od oder od Objekt im Dativ
		Og oder og Objekt im Genitiv
		Op oder op Objekt mit Präposition
A	Angabe	At Temporalangabe
		Al Lokalangabe
		Am Modalangabe
		Ak Kausalangabe
		Ap Personenangabe
Attr	Attribut	vorangestellt nachgestellt

Satztypen*

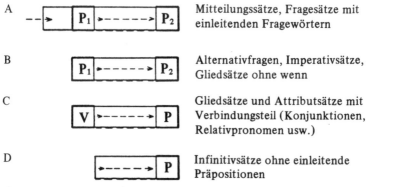

A — Mitteilungssätze, Fragesätze mit einleitenden Fragewörtern

B — Alternativfragen, Imperativsätze, Gliedsätze ohne wenn

C — Gliedsätze und Attributsätze mit Verbindungsteil (Konjunktionen, Relativpronomen usw.)

D — Infinitivsätze ohne einleitende Präpositionen

* Grundstrukturen und Satzbau siehe 107 ff.

Register der grammatischen Begriffe mit Beispielen

Die Zahlen verweisen auf die Regel-Nummer.

Ablautreihe: trinken – trank – getrunken → 4 ff.

Adjektiv: *freundlich, gut, zwei* → 51 ff.

Adverb: *hier, jetzt, sehr, gern* → 63

Akkusativobjekt (Oa): ich kenne *den Mann* → 96

Angabe: Umstandsangabe, Personenangabe, Modalglied → 100 Stellung → 119, 121

Artikel: *der, das, die – ein, eine* → 35 ff.

Attribut: die *heutige* Zeitung, die Zeitung *von gestern* → 103 ff.

Attributzeichen: der fleißig*e* Schüler → 66 ff., 52 ff.

Aufforderung: *bleib!, ihr sollt jetzt gehen!* → 80, 81

Dativobjekt (Od): ich helfe *dir/der Mutter* → 96

Demonstrativpronomen: *der, dieser, dessen* → 43

Entscheidungsfrage: *fährst du morgen?* → 80

Ergänzungsfrage: *wann fährst du?* → 80

feminin: *die Frau, die Milch, die Liebe* → 32

Frageadverb: *wo?, wann?, wie?* → 64

Fragepronomen: *wer?, was?* → 40 ff.

Funktionszeichen: mit frisch*em* Mut → 66 ff., 52 ff.

Futur: ich *werde . . . lernen* → 20, 132

Gefühlston: was *bist* du doch für ein Kerl! → 143

Genitivobjekt (Og): ich erinnere mich *dieses Vorfalls* → 96

Grundstrukturen der Sätze → 107

„Hilfsverben": *haben, sein, werden* → 17 ff.

Hinweiston: der Film war so interessant, daß . . . → 141

Imperativ: *lerne!, hilf!, helft!, lernen Sie!* → 16

Infinitiv: lernen, sein → 7

Infinitivsatz: ich hoffe, *dich bald wiederzusehen* → 81

Informationsbereich → 108, 117 ff.

Kausalangabe (Ak): ich besuche dich *in einer wichtigen Angelegenheit* → 109

Kausalergänzung (Ek): der Mord geschah *aus Rache* → 88

Komparation: schön – schön*er* – am schön*sten* → 57 ff.

Komparativ: schön*er* als . . . → 58, 60

Konjunktion: *und, aber, daß, weil* → 75 ff.

Konjunktiv I: er *lerne* – er *habe* . . . gelernt; er *gehe*, er *sei* . . . gegangen → 13, 15

Konjunktiv II: er *ginge*, er *wäre* . . . gegangen; er *hülfe*, er *würde* . . . *helfen*, er *hätte* geholfen → 14 f.

Kontaktbereich → 108, 117 ff.

Korrelat: Ich habe *es* geahnt, daß . . .; ich habe *damit* gerechnet, daß . . . → 95, 97

Lokalangabe (Al): ich besuche dich *in Köln* → 100

Lokalergänzung (El): ich wohne *in Hamburg* → 88

maskulin: *der Mann, der Tisch, der Reichtum* → 32 f.

Mitteilung: *ich fahre morgen* → 80

Modalangabe (Am): ich besuche dich *gern* → 100, 109

Modalergänzung (Em): ich finde das Buch *gut* → 86

Modalglied: Hans kommt *leider* nicht; wir müssen uns *langsam* beeilen → 102, 109

Modalverb: *können, wollen, müssen, sollen, dürfen, mögen* → 21 ff.

Nachfeld → 108 f., 115

neutral: *das Kind, das Haus, das Gebet* → 32

Nomen: *Mensch, Haus, Liebe* → 31 ff.

Objekt (O) → 96 ff., 91 ff.

Objektsprädikat: ich lasse *dich gehen* → 99